NOTICE

SUR LE

Baron DE GROBON

GÉNÉRAL DE DIVISION

1796-1875

ORLÉANS

IMPRIMERIE DE PUGET ET Cⁱᵉ, RUE VIEILLE-POTERIE, 9

1875.

NOTICE

SUR LE

Baron DE GROBON

GÉNÉRAL DE DIVISION

1796-1875

ORLÉANS

IMPRIMERIE DE PUGET ET Cie, RUE VIEILLE-POTERIE, 9

1875.

NOTICE

SUR LE

Baron DE GROBON

GÉNÉRAL DE DIVISION

Le 14 février, décédait au château de Chenailles dans le département du Loiret, M. le baron Pierre de Grobon, général de division, grand-officier de la Légion-d'Honneur.

Il était le fils d'un brillant militaire du premier Empire, le général de brigade baron de Grobon qui, après avoir eu la jambe fracassée à Wagram, après avoir échappé aux désastres de la campagne de Russie, avait été mortellement atteint par une balle dans un clocher où il observait avec une lunette les mouvements de l'ennemi pour mieux défendre la position qui lui avait été confiée.

Au moment où le père terminait par une mort glorieuse une trop courte carrière, le fils avait déjà commencé la sienne, et s'efforçait d'imiter un aussi bel exemple. Après avoir fait ses études au lycée de Nantes, il était entré à l'Ecole militaire de Saint-Cyr à l'âge de seize ans. Quatre mois plus tard (à cette époque, on passait vite de la théorie à la pratique), il partait pour rejoindre l'armée en Prusse avec le grade de sous-lieutenant au 5e régiment des voltigeurs de la garde ; et, le 20 novembre 1812, il gagnait ses épaulettes de lieutenant. Le 30 mars 1814, il recevait sa première blessure (un coup de feu à la jambe droite) en concourant à la défense de Paris. A Fleurus, le 18 juin 1815, il était atteint une seconde fois. Un coup de feu au bras gauche le mettait dans l'impossibilité de continuer à combattre, et lui épargnait la douleur d'assister à Waterloo.

Mis en non activité en 1815, il fut replacé en 1817 dans la légion du département de l'Ariége et devint capitaine en 1823 dans le 62e de ligne. Il appartenait encore à ce régiment, lorsqu'en 1830, il fut nommé rapporteur près le premier conseil de guerre permanent à Lille. Ce fut pour lui l'occasion de révéler des qualités exceptionnelles ; il déploya un si véritable talent dans l'exercice de ce difficile ministère qu'il fut nommé chevalier de la Légion-d'Honneur le 21 novembre 1831.

Mis ainsi en évidence, il fut appelé en 1833 auprès du roi Louis-Philippe comme officier d'ordonnance. Il faisait partie de l'escorte royale lors de l'attentat de Fieschi, et échappa aux balles qui firent tant de victimes. Pendant les quatre années qu'il passa au château des Tuileries, son amabilité, sa droiture, son dévouement exempt de servilité, lui méritèrent l'affectueuse estime de tous les membres de la famille royale. C'est à cette époque qu'il épousa Mlle Bobée, petite-fille du sénateur comte Jacqueminot, nièce du comte de Ham et du général Jacqueminot commandant des gardes nationales de la Seine, et sœur de M. Ernest Bobée, propriétaire du château de Chenailles, membre du Conseil général du Loiret, dont le nom est presque populaire parmi les agriculteurs.

En 1837, il rentrait dans l'armée comme chef de bataillon au 9ᵉ régiment d'infanterie légère à Paris. Son régiment fut envoyé à La Rochelle où il fut de nouveau nommé rapporteur au 2ᵉ conseil de guerre. Il se remit à l'étude du droit criminel et du Code militaire avec une nouvelle ardeur. De nombreuses notes laissées par lui, attestent l'importance de ses travaux et expliquent comment, dans de graves affaires, il put lutter sans désavantage avec des avocats distingués. Elles révèlent une grande supériorité d'esprit, des sentiments élevés et une connaissance profonde de tout ce qui touche à la profession militaire. C'est ainsi que parlant de la désertion, il dit *qu'elle blesse l'armée dans son organisation, dans son esprit et dans son action.* Dans une affaire de vol, il fait remarquer *que le Code militaire dans sa spécialité frappe avec plus de rigueur la soustraction frauduleuse, parce que dans la profession militaire où tout est honneur et confiance, les auteurs d'un semblable délit doivent être repoussés avec plus d'indignation que partout ailleurs.* Et l'ivrognerie, avec quelle énergie il la flétrit! *cette habitude honteuse, fléau de toute discipline, peut entraîner les conséquences les plus fâcheuses, conduire à une désorganisation totale. Si vous ne vous empressez* (dit-il aux juges), *par une juste rigueur, de l'arrêter dans son développement, l'oisiveté des garnisons, les occasions si fréquentes de débauches de nos cités, la facilité du remplacement, peupleront l'armée d'hommes indignes d'y figurer et de concourir à son noble but.*

Dans une remarquable péroraison, il parlait ainsi de la discipline : « *La discipline!* ce « grand « mot, cette nécessité si puissante, va fixer vos in- « certitudes, s'il pouvait en rester encore dans « votre conscience. C'est par elle que l'armée vit, « qu'elle peut être en même temps la sûreté de « l'Etat et la sauvegarde des citoyens. Sans cette « loi suprême, sans l'accomplissement de toutes « les règles qu'elle impose, de tous les devoirs « qu'elle prescrit, quelque minutieux, quelque ri- « goureux qu'ils paraissent, semblable à ces hordes « barbares, à ces compagnies franches dont l'his- « toire signale les honteux et déplorables débor- « dements, l'armée deviendrait le fléau d'un Etat « dont elle doit être le soutien. La *discipline!* la « première condition de tout système d'armée, le

« seul moyen qui puisse assurer l'autorité et
« l'influence du grade sur le nombre et la force. »

L'exorde suivant dans une affaire où un soldat d'artillerie était poursuivi pour avoir tué d'un coup de marteau un de ses camarades qui l'avait outragé et frappé au visage quelques heures auparavant, ne serait pas désavoué par nos plus éloquents procureurs généraux.

« Le crime qui vous est soumis aujourd'hui va
« vous faire sortir, par une exception heureuse-
« ment fort rare, des règles ordinaires de votre
« jurisprudence. Il n'y a dans l'espèce rien de
« militaire, rien qui touche à la discipline, au
« bon ordre, aux intérêts généraux de l'armée.
« C'est la société qui a été outragée, c'est elle qui
« réclame la vengeance du sang versé. Plus que
« jamais vous allez réunir les pouvoirs des jurés
« aux fonctions des juges. Mais c'est surtout sur
« les devoirs des premiers que vous devez porter
« une attention d'autant plus scrupuleuse que de
« l'appréciation morale des circonstances du
« crime, de la position de l'accusé, de ses qualités
« physiques et morales, dépendra l'arrêt que
« vous prononcerez. »

Puis, après avoir exposé les faits avec simplicité, avec méthode et surtout avec la sincérité du juge le plus impartial, après avoir traité les questions de provocation, de défense légitime, de guet-apens, de préméditation avec la sûreté d'appréciation et le langage d'un jurisconsulte érudit,

il termine en ces termes : « L'accusé doit compte
« à la société du sang versé. Il l'expiera par une
« peine longue, terrible, mais qu'il ne nous appar-
« tient pas de modifier. Elle existe dans l'intérêt
« de tous, pour la sécurité des faibles surtout,
« que l'emportement et la violence rendraient
« trop souvent de déplorables victimes, si des
« termes formels, des cas exactement définis ne re-
« poussaient pas l'interprétation subtile et ne pré-
« venaient pas l'arbitraire qui substitue les
« passions toujours mobiles et souvent aveugles
« de l'homme à la volonté ferme et constante de
« la loi. »

La lecture de ces notes vous révèle une âme droite, loyale, un esprit supérieur pénétré de la gravité de ses devoirs; en les parcourant, on croit entendre le soldat devenu magistrat, mais obéissant aussi à la voix de la pitié et s'en faisant un éloquent écho toutes les fois que l'inflexible rigueur de la loi militaire le permet. Ceux qui l'ont connu comprendront l'autorité que donnaient à sa parole les qualités physiques dont il était doué : sa grande taille, sa belle prestance militaire, sa physionomie ouverte, expressive, où la bonté et la douceur se peignaient aussi bien que la sévérité et l'énergie du commandement.

Une lettre du général d'Hautpoul venait l'enlever à ces travaux intellectuels. Il s'agissait de conduire au feu le bataillon des tirailleurs de Vincennes qu'une décision royale en date du 14 mars 1838 avait créé à titre d'essai. La guerre venait d'éclater en Afrique. Il fallait un chef digne de ces soldats d'élite et le ministre de la guerre écrivait au chef de bataillon de Grobon : « Pour « une troupe de nouvelle formation, il faut un « chef actif, ferme et capable d'inspirer confiance « à ses subordonnés. Ces qualités vous les avez, « etc. » Le passage suivant d'une étude sur les chasseurs de Vincennes publiée par la *Revue des Deux-Mondes* en 1855 et dont l'illustre auteur n'a plus besoin heureusement de garder l'anonyme, permet de juger si l'appréciation du général d'Hautpoul était juste.

« Le nouveau bataillon fut envoyé en Afrique
« où la guerre venait de se rallumer. Embrigadé
« avec les zouaves, placé sous les ordres du
« général qui avait présidé à ses premiers essais
« (comte d'Houdetot), animé d'un très-vif esprit
« de corps, conduit par des officiers ardents et
« intrépides, le bataillon eut bientôt une excel-
« lente réputation et paya largement sa dette de
« sang. Son digne chef, le commandant de Grobon
« tomba blessé à l'assaut du col de Teniah de
« Mouzaïa en mai 1840. »

Le bataillon avait ainsi fait ses preuves et lorsque la crainte d'événements bien autrement graves força le gouvernement à mettre l'armée sur le pied de guerre, le duc d'Orléans fut chargé d'organiser neuf bataillons sur le modèle du premier qui fut rappelé d'Afrique pour servir de type.

Le commandant de Grobon, devenu lieutenant-colonel, n'était pas encore complétement guéri de sa blessure, lorsqu'il reçut du maréchal Soult une lettre l'informant que le prince avait songé à lui pour concourir à la formation des nouveaux bataillons *parce qu'il était un drapeau pour la nouvelle arme.* Quel honneur pour un officier qu'une pareille assimilation émanant d'un pareil chef! L'année suivante, en lui annonçant sa nomination au grade d'officier de la Légion-d'Honneur, le même ministre écrivait au lieutenant-colonel de Grobon que le prince avait bien voulu lui rendre compte des services qu'il avait rendus pour l'organisation des bataillons de chasseurs et de l'active impulsion qu'il avait su donner à l'instruction des troupes. Ce fut bien à regret que le lieutenant-colonel se sépara des chasseurs de Vincennes. Le souvenir des années qu'il leur avait consacrées ne s'effaça jamais de sa pensée, et, lorsqu'il apercevait cet uniforme à la fois élégant et sévère, il le suivait longtemps des yeux et à la tristesse de son regard, il n'était pas difficile de deviner qu'il revoyait en même temps ce jeune prince si chevaleresque, si éminemment français, avec lequel il avait préparé l'un des meilleurs éléments de notre armée.

En 1843, le baron de Grobon prenait comme colonel le commandement du 59ᵉ de ligne. L'avis de sa nomination lui était transmis par le secrétaire du roi dans une lettre qui était restée pour

lui un précieux souvenir. « La Reine, lui disait
« le secrétaire, vient d'apprendre que le Roi a
« signé votre nomination au grade de colonel
« du 59ᵉ. Sa Majesté serait fâchée que cette bonne
« nouvelle, dont elle est la première à se réjouir,
« vous parvînt par une autre voie que la sienne,
« et elle m'a chargé de vous l'annoncer de sa part
« en vous adressant ses félicitations. »

Le 59ᵉ de ligne était en garnison à Valenciennes en février 1848. Son attitude fut excellente lors de l'émeute des ouvriers d'Anzin. Appelé bientôt à Paris, il était caserné à Popincourt, lorsqu'au début de l'insurrection de juin, son colonel recevait du ministre de la guerre l'ordre de prendre le commandement des troupes réunies à l'Hôtel-de-Ville. Pendant l'horrible bataille qui dura plusieurs jours dans ces rues étroites où des balles lancées par des ennemis invisibles décimaient nos soldats, le colonel se montra partout. Blessé à la jambe gauche, après avoir vu tomber à ses côtés un grand nombre de ses officiers, il n'en continua pas moins à diriger les troupes avec cette intrépidité calme, avec cette résolution, mêlée de tristesse du soldat obéissant à une cruelle mais impérieuse nécessité. Le dernier jour de cette lutte sanglante, qui coûta à l'armée autant de généraux, d'officiers et de soldats qu'une bataille rangée, il se trouvait au milieu de la place de l'Hôtel-de-Ville, lorsqu'un détachement de mobiles vint à passer. En l'apercevant couvert de poussière, noirci par la poudre, le genou bandé, les pans de sa tunique troués par les balles, le hausse-col brisé par un projectile, et en reconnaissant le colonel qui les avait si bien conduits au feu, ils l'entourèrent, l'acclamèrent et lui firent une véritable ovation. Avec cette générosité qui accompagne toujours le vrai courage il s'efforça plusieurs fois de sauver des prisonniers. C'est ainsi qu'il faillit être atteint par des gardes nationaux qui tuèrent presque sous ses jambes un insurgé auquel il faisait un rempart de son corps.

Son dévouement pour la famille d'Orléans, en inspirant de la défiance à ceux qui présidaient aux destinées de la République, l'empêcha d'abord de recevoir la récompense qu'il avait si bien méritée. Découragé par des propos qui lui avaient été rapportés, il écrivit au ministre pour lui demander sa mise à la retraite. Sa lettre lui fut retournée déchirée, avec l'avis de sa nomination de général de brigade.

Il commanda successivement à Napoléon-Vendée, à Rouen, à Alençon, à Nantes où il fut nommé commandeur de la Légion-d'Honneur. Appelé au camp de Saint-Omer à la tête de la première brigade de la deuxième division d'infanterie du 3° corps d'armée, il en revenait bientôt avec le grade de général de division. A partir de 1855 jusqu'en 1860, il remplit les fonctions d'inspecteur général et prit part aux travaux du comité d'infanterie.

Les événements d'Espagne de 1856 avaient nécessité la formation d'un corps d'observation sur la frontière. Le commandement lui avait été confié. Après avoir ensuite commandé à Tours, il partait pour le camp de Châlons, y commandait la 18ᵉ division et recevait la croix de grand-officier de la Légion-d'Honneur. Il y retourna en 1861 pour assister aux manœuvres arrêtées par la commission dont il était membre et qu'il avait présidée en 1858. Elle avait été créée par l'empereur qui, connaissant la réputation d'excellent *manœuvrier* du général, l'avait associé à ses utiles travaux. Plusieurs fois et notamment avant de partir pour la campagne d'Italie, Napoléon III sachant qu'il avait assisté aux campagnes de 1813, 1814, 1815, lui avait fait l'honneur de le consulter sur les traditions de l'art de la grande guerre. Après son retour, l'empereur lui répéta souvent que l'expérience lui avait démontré l'exactitude des observations qu'il lui avait faites sur divers points importants.

C'est en 1863 que le général, à raison de son âge, fut placé dans la deuxième section de la réserve du cadre de l'état-major. Sa carrière militaire semblait terminée, lorsque neuf ans plus tard, après nos premiers désastres, il voulut concourir dans la mesure de ses forces à la défense du territoire. Ses soixante-quatorze ans et ses infirmités lui interdisant le service actif, il se mit à la disposition du ministre pour commander un camp d'instruction ou prendre tel autre service du même genre.

Nommé au commandement de Nantes, il présida à l'instruction des troupes et à l'organisation des travaux de défense jusqu'à ce qu'il fût envoyé à Bordeaux pour faire partie de la commission d'enquête chargée, sous la présidence de M. le maréchal Baraguay-d'Hiliers, d'examiner et d'apprécier les circonstances de la capitulation de Metz et de celle de Strasbourg. Cette commission n'ayant pu se réunir, il revint à Nantes, puis, après la guerre, au château de Chenailles.

Les tristes événements de 1870 avaient profondément atteint le général. Quelques notes trouvées dans ses papiers dénotent le découragement, la perte de ses dernières illusions et le désir de consacrer ses derniers jours à sa famille et à la méditation des grandes vérités morales et religieuses. Mais la sollicitude inquiète avec laquelle il ne cessait de suivre les progrès de notre réorganisation militaire indiquait qu'il n'avait pu se désintéresser de ce qui avait été la passion de toute sa vie, — l'amour de la patrie et la gloire de notre armée.

Suivant le désir qu'il avait exprimé et qui était si bien conforme à sa simplicité et à sa modestie, ses obsèques ont eu lieu sans aucun caractère officiel. Ses parents, ses amis, la compagnie de pompiers de Châteauneuf-sur-Loire (il avait été longtemps conseiller municipal de cette commune) l'ont conduit du château de Chenailles à l'église, puis au cimetière de Saint-Denis-de-l'Hôtel. L'attitude recueillie de la nombreuse population accourue de toutes les communes voisines témoignait de la respectueuse sympathie qu'il avait inspirée. L'honorable maire de Saint-Denis-de-l'Hôtel, se faisant l'interprète de tous, lui a adressé un dernier et touchant adieu.

III

www.ingramcontent.com/pod-product-compliance
Lightning Source LLC
Chambersburg PA
CBHW061613040426
42450CB00010B/2464